Reim-Fee
508 Jahre alt,
streng,
reimt am besten

Müffel-Kind
2 Jahre jung,
stinkig, aber nett

Parfüm-Ungetüm
101 Jahre alt,
hat ein Geheimnis

Müffel-Papa
17 Jahre alt,
superstinkig und stark

Aus Verantwortung für die Umwelt hat sich der Fischer Kinder- und Jugendbuch Verlag zu einer nachhaltigen Buchproduktion verpflichtet. Der bewusste Umgang mit unseren Ressourcen, der Schutz unseres Klimas und der Natur gehören zu unseren obersten Unternehmenszielen.

Gemeinsam mit unseren Partnern und Lieferanten setzen wir uns für eine klimaneutrale Buchproduktion ein, die den Erwerb von Klimazertifikaten zur Kompensation des CO_2-Ausstoßes einschließt.

Weitere Informationen finden Sie unter: www.klimaneutralerverlag.de

Weitere Informationen zum Kinder- und Jugendbuchprogramm der S. Fischer Verlage finden Sie unter: www.fischerverlage.de

MIX
Papier | Fördert gute Waldnutzung
FSC® C043106

Erschienen bei FISCHER Sauerländer

Fachberatung: Madeline Riedel
Layout und Satz: Tanja Haaf, Oberhausen-Rheinhausen
Umschlaglayout: Julia Astrup, Wees

Druck und Bindung:
Grafisches Centrum Cuno GmbH & Co. KG, Calbe
ISBN 978-3-7373-6204-7

Christian Seltmann

REIMHART REIMWOLF

Mächtig Wind ums Müffel-Kind

mit Bildern von Dirk Hennig

SAUERLÄNDER

GÄHN!

Reimhart mault:

„Muss ich noch lang hier latschen,

kipp ich aus den Latschen.“

Dennis gähnt:

„Der Reim ist echt schlecht.“

Käthe klopft Reimhart auf die Schulter.

„Bücherwurm!

Lass den Kopf nicht hängen.“

Reimhart, Käthe und Dennis
warten auf einen neuen Auftrag
von der Fee.
Käthe schnappt sich das Buch,
schlägt es auf und brüllt:
„Fee oder Elfe,
komm raus!
Du musst uns helfen!“

Die Fee der Reime taucht auf.

„Käthe!

Schrill und laut wie

eine Trompete.“

Käthe grinst frech.

Dennis sagt:

„Die Fee der Reime,

ich dachte schon, ich träume.“

„Oh, die Fee!
Alles okay?“,
fragt Reimhart.
Er macht eine Verbeugung.

Die Fee holt einen Zettel hervor:
„Ihr Retter reimender Wesen,
ich werd euch euren Auftrag vorlesen:
Ein kleiner Müffel ist fort.
Er ist nicht hier, er ist nicht dort.“
Reimhart jubelt.
Die Fee fährt fort:
„Wartet!
Bevor es losgeht,
müsst ihr wissen,
dass wir auch noch
ein Ungetüm vermissen.“

Dennis guckt.

Reimhart wartet.

Die Fee sagt:

„Mehr ist nicht bekannt.

Deshalb werdet ihr gesandt."

Die Fee ruft:

„Eins noch,

bevor ihr geht hinaus.

Etwas zum Schutz,

sonst haltet ihr das nicht aus!“

Die Fee gibt den Kindern

Wäscheklammern.

Käthe fragt:

„Hä? Wieso? Versteh ich nicht!“

„Die schließen eure Nasen dicht“,

erklärt die Fee.

Dann macht es:

Krach.

Puff.

Rauch.

Stink!

AUWEIA!

Sie stehen in einer öden Savanne.
Dennis sagt:
„Reimhart, ein Müffel,
ist das so was wie ein Büffel?"
Reimhart nickt:
„Ja, einer mit so krassem Gestank.
Der macht echt krank, der Gestank."

Da weht ein grässlicher Geruch zu ihnen.

Die drei werden grün im Gesicht.

Dennis keucht:

„Boah, das stinkt.

Voll der Hammer.

Schnell,

die Wäscheklammer!“

Da hoppelt ein grünes Etwas
auf sie zu.
Es zieht eine Stinkwolke
hinter sich her.
Dennis flüstert:
„Mannomann,
dass der so stinken kann!“
Käthe rennt auf den Müffel zu.

Der Müffel schreit und jagt davon.

„Los!

Hinterher.

Der stinkt so sehr“,

ruft Reimhart.

Die drei jagen dem Müffel nach.

„Mir hängt die Zunge raus,
die Luft ist aus“,
keucht Reimhart.
Dennis nickt:
„Der ist fix.
Da gibt es nix!“

Der Boden bebt …

Alle drei erschrecken.

Schnell springen sie in die Büsche!

Ein Ungetüm stolpert auf sie zu:
„Müffel, wo bist du?
Ich finde dich im Nu.
Was für ein Spaß,
wenn ich aus dir Parfüm machen darf.“
Dennis flüstert:
„Das ist das Ungetüm.
Ist ziemlich scharf auf Müffel-Parfüm.“

Reimhart springt aus dem Busch.

„Folge mir!

Monster-Tier!“

Reimhart pupst laut

und rennt los.

Das Ungetüm rast hinterher.

„Wir müssen Reimhart retten!“,
ruft Dennis.
„Und die kleine Stinkbombe!“,
stöhnt Käthe.

KRACH.

Die beiden ducken sich.
Da ist was!
Aber was?

AU BACKE!

Ein riesiger Müffel
stellt sich ihnen in den Weg!
Der Müffel fletscht die Zähne.
Käthe kreischt:
„Was ist das?“

„Du!", brüllt der Riesen-Müffel,

„sag mir geschwind:

Wo hast du denn mein Müffel-Kind!"

Käthe flüstert:

„Das ist der Papa, oder?"

„Sieht so aus",

sagt Dennis.

„Alter! Der stinkt!", keucht Dennis.
Der Müffel brummt:
„Nun sag schon:
Wo ist Steppke,
mein Sohn?"
„Das ist der Papa!",
nickt Käthe.

„Bitte, lieber Müffel-Vater,

wir …“,

Dennis guckt verzweifelt.

Ihm fällt kein Reim ein.

Der Müffel knurrt.

Käthe ruft:

„Äh, du, wir wollen dir doch helfen.

Wir sind so was Ähnliches wie Elfen!“

Dennis ruft:
„Wir müssen los.
Den kleinen Müffel suchen.
Ihn retten.
Es versuchen!“
Der Papa staunt:
„Die Fee der Reime ist es,
die euch schickt?“
Dennis nickt.

Der Müffel-Vater schnuppert.

„Da!

Ganz klar!“

Er rennt los.

Käthe und Dennis kommen

kaum hinterher.

Der Müffel-Vater stoppt.

Sie stehen auf einer Klippe.

Dennis fragt: „Was ist das?“

Der Müffel-Vater brüllt:

„Sie kämpfen und ringen.

Ich werde meinem Jungen Hilfe bringen.“

Mit einem riesigen Satz

springt er von der Klippe.

Der Müffel-Vater stürzt sich auf
das Parfüm-Ungetüm.
Reimhart geht dazwischen:
„Müffel-Vater, nein!
Sie spielen nur.
Lass das sein!“
„Was fällt dir ein?“,
müffelt der Vater.

„Das ist
eine kleine Parfüm-Ungetüm-Dame“,
sagt Reimhart.
„Lavendel ist ihr Name.“

„Ja, Papa!“,

ruft der kleine Müffel.

„Lavendel ist mein Lieblings-Ungetüm.

Sie ist auf der Schule für Parfüm.“

Lavendel sagt:

„Was soll ich machen?

Die Prüfungen sind nicht zum Lachen!“

Lavendel ist in Klasse zwei.

Nur mit Gestank kommt sie in drei!

Käthe sagt:

„Eine Stinkschule.

Ich fass es nicht!“

Lavendel erklärt:
„Wir müssen da Gerüche brauen,
die alle von den Sesseln hauen.
Die in die Nasen fegen,
dich lang hinlegen,
den Schädel sprengen
und deine Augen
aus den Höhlen drängen.“
Reimhart ergänzt:
„Am allerbesten
kann man mit Müffel-Gestank
die Prüfung verpesten?“

Steppke nickt:
„Mit Schmodder aus meinem Fell
bestehst du die Prüfung ganz schnell!"
Lavendel schnüffelt an Steppke:
„O je,
du stinkst viel zu leicht,
ob das wohl für die Prüfung reicht?"

Reimhart ruft:
„Ich weiß, was dir die Rettung bringt:
Müffel-Vater-Schmodder,
der zum Himmel stinkt.
Wir können den Schmodder noch
mit meinen Borsten mischen.
Dann stinkt der,
bringt das Hirn zum Zischen."
Reimhart reißt sich
Borsten aus.
Der Papa schmoddert.

Steppke jubelt:

„Feste, feste,

Papa!

Du bist der Beste!“

Dennis zieht einen Schuh aus.

Käthe sagt:

„Das stinkt ja fast schon genauso.“

Der Papa, Reimhart und Dennis
mischen alles im Schuh.
Den geben sie Lavendel.
Lavendel ruft:
„Müffel-Schmodder, Stinkeschuh,
Reimharts Borsten noch dazu.“
Steppke hilft ihr:
„Mischen, rühren, schütteln, feste –
– so wirst du die Klassenbeste.“

SCHNELL WEG!

Lavendel sagt zu Reimhart:
„Danke, danke, danke dir.
Du bist nun ein Ehren-Stinke-Tier.“
„Gern geschehen,
doch nun heißt es:
Auf Wiedersehen“,
keucht Reimhart.

Der Müffel-Vater drückt
die drei an seine Brust.

Reimhart, Dennis und Käthe
sind wieder bei der Fee.
„Boah!“,
japst Käthe.
Reimhart keucht:
„Das war knapp.
Da fällt einem fast die Nase ab!“
Die Fee klagt:
„Auweia.
Was für ein Gestank,
der macht echt krank.“

Der Auftrag ist erfüllt.

Die Fee zaubert eine Blase und lächelt:

„Nun denn.

Seht, wie es um Lavendel steht!“

Die drei jubeln.

Jetzt ist die Geschichte zu Ende.
Hier geht's mit Rätseln für Reimprofis weiter!
Die Lösungen findest du auf der Rückseite.

1 Hilf Lavendel beim Brauen der Gerüche.
Finde die Reimpaare!

- führen ✱
- mischen
- Müffel
- rütteln ✖
- wischen ▼
- Schmodder
- rühren
- Büffel ◆
- Schuh
- Kuh ●
- schütteln
- Schnodder ✿

RÄTSEL

2 Was sagt der Müffel-Vater?

Das Ungetüm ist ziemlich scharf auf Müffel-Parfüm. ●

Jetzt habe ich den Überblick! ♥

Folge mir! Monster-Tier! ✖

O je, o je, hilf uns, Reime-Fee! ■

3 Welches Wort passt nicht dazu?

schnüffel Trüffel Rüffel Reimhart Müffel Büffel

Parfüm Ungetüm Prüfung grün Kostüm

stinkt winkt mischt sinkt trinkt hinkt blinkt schminkt

LÖSUNGEN

1. Müffel ◆; mischen ▼; schütteln ✖; rühren ✳; Schmodder ✿; Schuh ●
2. ♥
3. Reimhart; Prüfung; mischt